Almut Yüksel

Seelengespräche zwischen

Himmel & Erde

2

Inhaltsverzeichnis

- 05. Almut Yüksel
- 06. Einleitung
- 10. Wut & Groll
- 12. Vergebung
- 15. Die Macht der Gedanken
- 16. Flüche und Verwünschungen
- 19. Seelen aus Kriegszeiten
- 21. Angstbesetzte Seelen
- 22. Besetzung Wohnung Symptome
- 24. Negative Energien
- 27. Schwarze Energie
- 31. Symptome schwarzer Energie
- 36. Plötzlich verstorben
- 40. Fallbeispiel Mediale Sitzung
- 42. Fallbeispiel Kinderseele

45. *Fallbeispiel mediale Sitzung*

46. *Fallbeispiel Hausreinigung*

50. *Fallbeispiel Kontakt Verstorbener*

54. *Unsere geliebten Haustiere*

59. *Schauermärchen und nicht mehr*

61. *Einäscherung*

65. *Fallbeispiel Seelen im Keller*

70. *Besetzungen in Beziehungen*

73. *Fallbeispiel Stimmen hören*

78. *Fallbeispiel Psychose*

81. *Mediale Trauerarbeit*

82. *Trauerphasen*

84. *Verlustschmerz*

85. *Loslassen*

90. *Sterbebegleitung*

92. *Silberschnur*

Almut Yüksel

Medium & Coach

Jahrgang: 1974

Es wäre sehr vermessen, wenn wir behaupten würden, es gäbe nichts um uns herum, was wir mit bloßem Auge nicht sehen können.
Medien nehmen genau das wahr, was andere eben nicht sehen.

Es erwartet dich eine Reise, mit wichtigen Erkenntnissen und wertvollen Botschaften.

Nichts geht verloren auf dieser Welt und auch du, wirst dich eines Tages daran erinnern!

Die Wahrheit ist in jedem Herzen verankert. Früher oder später wird jeder es erkennen. In deinem Herzen und in jeder Zelle deines Körpers, sind all dein Wissen gespeichert. Wenn du bereit bist, wirst du der Wahrheit automatisch immer ein

Stückchen nähergebracht. Jeder hat seinen eigenen individuellen Wachstumsprozess und seinen freien Willen.
Meine Erfahrungen und meine persönliche Sicht auf die jenseitigen Angelegenheiten, lege ich hier für dich offen, um immer mehr Menschen zu erreichen und zu sensibilisieren. Das Jenseits und alles was damit zu tun hat, ist ein Tabuthema, dass meistens mit sehr großer Angst besetzt ist. Die wenigsten glauben daran und keiner will so wirklich darüber reden. Und die, die darüber reden, werden als Psycho oder Esoteriktante betitelt. Ich weiß, dass es letztendlich aus Angst und Unwissenheit passiert. Mein Wunsch ist es, dass die Menschen mehr Mut haben und sich trauen über den Tellerrand hinaus zu schauen.

Aus diesem Grund werde ich immer weiter Aufklärungsarbeit leisten!

Das ist mein Auftrag und diesem werde ich unermüdlich folgen!

<u>*Wir sind nicht alleine!*</u>

Und weil die anderen nichts sehen können, wird auch nichts geglaubt. Ich gebe jedem einzelnen, der bereits von dieser Welt gegangen ist, eine Stimme!

Vielleicht hast du bereits festgestellt, dass wir über Jahre hinweg, viel zu viel Groll gegenüber anderen Menschen aufgebaut haben.

Aber auch gegenüber uns selbst, dass darf man nicht außer Acht lassen, wir führen teilweise sehr schlechte Beziehungen mit uns selber, voller Unausgeglichenheit und Selbsthass.

Hier und da ein böser Gedanke, als nächstes ein böses Wort, wenn man dem Nachbarn über den Weg läuft oder dem Kassierer im Geschäft gegenübersteht.

In der Familie: Gute Miene zum bösen Spiel!

Nur die wenigsten machen sich darüber Gedanken, was für eine mächtige Kraft, bestimmte Emotionen beinhalten.

Alles ist Energie!

Nicht nur hier auf der Erde, sondern auch über die Grenzen hinaus. Eine enorme Kraft wird freigesetzt, die auch weiterhin existieren wird, denn im Universum geht nichts verloren.

Die Menschen sind vollgepackt mit negativen Energien und sammeln im Laufe ihres Lebens immer mehr davon. Diese Energien verdichten sich mit der Zeit.

Selbst nach dem Tod sind solche Energien nicht aufgelöst. Das macht etwas mit uns Menschen hier auf der Erde und es wirkt sich negativ für den Verstorbenen aus.

Das Ziel sollte sein, sich mit jedem Menschen auszusöhnen. Das heißt nicht, dass man eine bestimmte Tat oder Aktion gutheißen soll.

Es gibt Dinge, die sind einfach nicht gut, sondern eben voll daneben und nicht tragbar.

Das kann man drehen wie man will, es ist einfach nicht gut und man kann bestimmte Taten auch nicht schönreden!

Aber wie stellen wir uns nun richtig auf, so dass aus energetischer Sicht kein Schaden entsteht?

Viel zu oft streiten wir und schmeißen uns sehr verletzende Wörter an den Kopf. Wir beschuldigen uns gegenseitig und wünschen vielleicht auch mal dem ein oder anderen das allerschlimmste. Von einer Sekunde auf die andere, sind die besten Freunde auf einmal Feinde, dass bis einst harmonische Arbeitsum-

feld, verwandelt sich zum Mobbing Lager und in der Familie gibt es den Verstrickungs - Kollaps schlechthin. Wir werden im Leben immer wieder an Grenzen stoßen, wir werden gute und schlechte Erfahrungen sammeln. Wir werden traumatische Erlebnisse kennenlernen, Schock und Ohnmachtsthemen durchleben. Fatal wird es, wenn wir uns auf den Weg machen der Vergeltung, der Rache und dem nicht vergeben können.

- *Ich bin zu Stolz um auf den anderen zuzugehen*
- *Ich habe es nicht nötig*
- *Ich bin etwas Besseres*
- *Ich gebe nicht nach*
- *Ich lasse ihn erstmal zappeln, bis er es kapiert*
- *Ich zeige dir, wer den längeren Atem hat*
- *u.v.m.*

Das sind einige kleine Beispiele, der typischen Sätze, die meistens immer mit dem Wort „ICH" anfangen. Das „EGO" hat die Kontrolle übernommen und fühlt sich in dieser Position auch sehr wohl.

Wenn wir doch nur ein bisschen mehr in unser Herz hineingehen würden und dass Tor zu unserem WAHREN ICH mehr öffnen würden, dann könnten wir auch viel schneller auf den Menschen wieder zu gehen der uns so verärgert hat. Die andere Variante wäre, den Menschen in Liebe loszulassen, weil es einfach nicht mehr passt. Wir besitzen einen freien Willen und dürfen jederzeit aufs Neue für uns entscheiden, ob wir mit einer bestimmten Person weitergehen möchten oder nicht.

Loslassen ohne Groll, Wut und Hass!

*An dem Satz „**Du bist das was du denkst**" ist sehr viel Wahrheit dran. Etwas ganz entscheidendes ist zu beachten, viele Menschen wissen es entweder nicht oder belächeln solche Themen.*

***Jeder Gedanke und jedes ausgesprochene Wort ist Energie. Energie folgt immer deiner Aufmerksamkeit.** Negative Wörter und Sätze können einer anderen Person sehr schaden. Mit der dazugehörigen Emotion wie zum Beispiel Wut Hass oder Neid, ist es möglich, dass sich eine Art Fluch oder Verwünschung auf die betreffende Person ablegt, der höchstwahrscheinlich auch über mehrere Leben aktiv sein kann. Wir sollten stets unsere Wörter und Sätze mit Bedacht wählen und weise entscheiden. Folgende Beispielsätze kennen wir alle:*

- *Irgendwann zahle ich es dir heim*
- *Der Teufel soll dich holen*
- *Du sollst in der Hölle schmoren*
- *Ich wünsche dir die Pest an den Hals*
- *Ich schäume vor Wut*
- *Ich wünschte du wärst Tod*
- *Du sollst verrecken*
- *Rache ist bitter*
- *Rache ist süß*
- *Du sollst daran ersticken*
- *Ich will Genugtuung*
- *Ich will Gerechtigkeit*
- *Auf Rache schwören*
- *Soll der Blitz dich treffen*
- *usw.*

Was zu Lebzeiten nicht bereinigt wurde, beschwert nicht nur den Hinterbliebenen, sondern auch den Verstorbenen. Sehr oft versuchen die Verstorbenen sich bemerkbar zu machen, um mit ihren liebsten ins Reine zu kommen. Ich darf berichten, dass sehr viele Seelen sich zwischen den Welten bewegen und aufhalten und es wird immer mehr werden. Seelen, die Erdgebunden sind und die aus den unterschiedlichsten Gründen, ihre Heimreise nicht antreten.

Folgende Punkte könnten Gründe dafür sein:

- *Unausgesprochenes*
- *Vergebung*
- *Angst vor dem, was einem im Jenseits erwartet*
- *Nicht wissen das man Tod ist*
- *Die Hinterbliebenen lassen nicht los*
- *Der Verstorbene kann nicht loslassen*

- *Angst vor einem angeblichen Höllenfeuer*
- *Angst, weil man auf der Erde schlimmes angerichtet hat*
- *Angst vor Bestrafung*
- *Sorge für die Hinterbliebenen*
- *Schuldgefühle*
- *Schock durch plötzlichen und unvorbereiteten Ableben*
- *Anerzogene toxische Glaubensmuster*
- *u.v.m.*

Kriegszeiten

Kriege auf unserer Erde waren und sind noch immer ein sehr großes Thema. Der Blick auf die Welt zeigt grausames. Ich darf berichten, dass meine Erfahrung mir klar gezeigt hat, dass immer noch sehr viele Seelen, die in einem Krieg ums Leben kamen, immer noch erdgebunden sind. Seelen die qualvoll ihr Leben verloren haben, die Folter am eigenen Leib erfahren mussten und die, die im Auftrag gemordet haben und Folteranweisungen ausgeführt haben.

Mein Auftrag ist es, die Seelen ins Licht zu begleiten!

Ich kommuniziere punktgenau und organisiere die Rückkehr. Denn ohne eine gute Organisation, wäre dies nicht zu schaffen. Unsere Erde atmet immer schwerer, bei dieser enormen Masse von Seelen, die zwischen den Ebenen sich aufhalten.

<u>Unsere Erde muss wieder LICHTER werden!</u>

Gerade jetzt ist es unsagbar wichtig, da unsere Energie in 2023, sich drastisch verändern wird.

Wir haben die wunderbare Chance, unser Licht leuchten zu lassen und viel zu bewegen - der gesamten Menschheit!

Aus meinen medialen Erfahrungen darf ich mitteilen, dass die Angst ein großes Thema für den Verstorbenen ist. Meist für die, die sich nach ihrem Ableben, im zwischen Bereich aufhalten. Die Seelen, die sich zwischen den Welten bewegen und es nicht schaffen, sich vertrauensvoll dem Licht anzuschließen und diesem zu folgen, um nach Hause zu gelangen.

Vor lauter Angst, entscheiden sich manche Seelen, in ihrer vertrauten Umgebung zu bleiben. Dort fühlen sie sich geborgen und sicher.

So haben sie ihre liebsten um sich herum. Das ist natürlich nicht Sinn der Sache und sollte so auch nicht bleiben.

Denn die Seelen, die fest in einer Wohnung mit wohnen, diese leben natürlich auch in der Energie des Erdenbürgers.

Sie sind ein fester Bestandteil im häuslichen Bereich.

Symptome:

- *Energielosigkeit*
- *Luft verdichtet, als ob zu wenig Sauerstoff vorhanden ist*
- *Unruhiger Schlaf*
- *Schlaflosigkeit*
- *Unerklärliche Ereignisse*
- *Wahrnehmung eines Duftes*
- *Immer wiederkehrende Gedanken*
- *Zwangshandlungen*
- *Krankheiten*
- *Unerklärliche Phänomene*
- *Psychische Problematiken*
- *u.v.m.*

Die Menschen mit sehr feinen Antennen, nehmen sehr schnell wahr, dass sie nicht alleine in ihrer eigenen Wohnung sind. Sie fühlen, dass etwas anders ist als sonst.

Die Luft fühlt sich teilweise so an, als ob man mit einem Messer diese durchschneiden könnte. Die Luft steht sozusagen! Man kann so viel lüften wie man will, trotzdem gibt es fühlbar keine frische Luft.

Das ist natürlich sehr unangenehm für den Menschen der dort wohnt. Schließlich erwartet man, dass man seinen privaten und intimen Raum alleine nutzen darf.

Mit der Zeit sinkt die eigene Lebensenergie, man fühlt sich müde und erschöpft. Jeden Tag fühlt man sich immer mehr ausgelaugt. Sie teilen sich ihre eigene Energie mit den Seelen, die mit ihnen gemeinsam in ihrer Wohnung leben.

Ich darf mitteilen, dass auch Gegenstände eine hohe oder niedrige Energie aufweisen. Durch die Anwesenheit der Seelen, sinkt auch die Schwingung verschiedener Gegenstände in deinem Umfeld.

Auch Gegenstände können auch Besetzungen in sich tragen!

Es ist zwingend Erforderlich, dass wir uns im Leben mit einer sehr hochschwingenden Energie umgeben, damit wir gesund bleiben und uns rundum gut fühlen. Alles andere wäre auf die Dauer Fatal.

Du hast bestimmt auch irgendeinen Gegenstand zuhause, der dir sehr wichtig und wertvoll erscheint. Der eine besitzt einen Schutzengel, der andere einen Talisman. Einige sammeln Edelsteine und wiederrum andere, bauen sich einen Altar.

Vor lauter Eifer, rund um diese für den Menschen wichtigen Gegenstände und Kraftplätze, wird leider allzu oft vergessen, dass eventuell alle anderen Gegenstände Wohnungseinrichtung in der Wohnung eine Besetzung oder negative Energie aufweisen.

Dass passt nicht!

Denn eine kleine und schön dekorierte Ecke, mit süßen Engelchen und Kerzen, hat keinerlei Wirkung, wenn im Rest der Wohnung sich Gegenstände sammeln, die Negativ behaftet sind.

Wir kaufen einen schönen Kerzenständer auf dem Trödelmarkt, der bereits durch zig Hände gegangen ist und die unterschiedlichsten Energien durchlaufen ist.

Darüber machen sie die meisten Menschen keinerlei Gedanken und so sammeln sich im Laufe des Lebens immer mehr Gegenstände in der Wohnung an, die besetzt sind.

Das ist nicht zu unterschätzen, denn diese Energien können sich auch direkt auf den Menschen absetzen. Zum Teil sind dies auch versteckte Energien, die auf den ersten Blick nicht zu enttarnen sind.

Lebe stets in deiner höchsten Schwingungsfrequenz!

Nicht nur bei diversen Gegenständen, sondern auch bei den Seelen, gibt es quer Beet die verschiedensten Energieebenen.

Wie im richtigen Leben!

Es gibt die guten und die bösen!

Licht & Schatten!

Es gibt die, die sich auf der Erde bereits in sehr zwielichtigen Energien aufgehalten haben und die, die sich bewusst gegen das Licht entschieden haben.

Die Seelen, die sich weiterhin in dieser niederen Energie wohlfühlen, können auch mal nichts gutes im Sinn haben.

Ganz unterschiedlich kann sich dies zeigen.

Wie oben bereits erwähnt, so wie eben im richtigen Leben.

Der eine will dir böses, sich an dir rächen oder hat Schabernack mit dir vor.

Diese niederen Energien scheuen das Licht.

Wenn sie nur einmal ihren Blick ins Licht wenden würden, dann könnten sie nicht länger auf den dunklen Pfaden bleiben.

In meinen Sitzungen zeigte es sich sehr oft, dass wirklich extrem harte Besetzun-

gen, die über Jahre den Menschen manipuliert haben, sich letztendlich immer als Endergebnis, für die Heimreise ins Licht entschieden haben. Die Kunst besteht darin, dass Vertrauen aufzubauen. Mit viel Liebe und Geduld meinerseits, schaffe ich es, dass diese dunkle Seele, wenigsten einen Blick ins Licht wagt. Auch nur ein kurzer Blick über die Schulter, reicht in den meisten Fällen aus, um diese Seele zu überzeugen, die Heimreise anzutreten. Dunkle Energie fühlt sich sehr intensiv an. Solche Energien drücken einem förmlich die Kehle zu. Der Körper schnürt sich zusammen, eine Art Engegefühl. Diese Art von Energien sind stark Angstbesetzt.

Angst engt ein.

Alles zieht sich zusammen

Wenn wir uns mit sehr negativen Menschen umgeben, geht das nicht spurlos an uns vorbei. Unser Energiesystem verändert sich sofort.

Im Normalfall sollte sich die Aura des Menschen ausweiten und nicht zusammenziehen.

Ansonsten würde unsere Lebensenergie sinken und dann ist man Antriebslos und nach einer gewissen Zeit könnte sich Krankheit einstellen. Jede Krankheit und sämtliche Disharmonien, sind immer zuerst sichtbar im feinstofflichen Körper, bevor es im außen angezeigt wird.

Im feinstofflichen Körper angezeigte Veränderungen, können sehr gut behandelt werden.

*Es gibt die Möglichkeiten,
aus sämtlichen Zellen
Informationen abzurufen.*

Mit dem sogenannten Röntgenblick erkenne ich vorab, was aus dem Gleichgewicht geraten ist. Auch Besetzungen werden aufgespürt und es ist sogar möglich, mit jedem einzelnen Organ zu kommunizieren, denn diese können auch besetzt sein und dadurch entsteht eine Unterversorgung, die sehr oft zu Krankheit führt.

Energien, die sehr dunkelbesetzt sind:

Symptom Beispiele:

- *Frieren*
- *Gänsehaut*
- *Kälte im Nacken*
- *Kälte am Rücken*
- *Die Haare stehen einem zu Berge*
- *Plötzliche Sinneswandlungen*
- *Unerklärliche Erscheinungen*
- *Gegenstände fallen um*
- *Unerklärliche Phänomene*
- *Stimmen hören*
- *Allg. Verhaltensauffälligkeiten wie plötzliche Aggressivität*
- *Unangenehmer Geruch*
- *Heilungsstillstand*
- *Alpträume*
- *Depressionen*
- *Gemütsschwankungen*
- *Unerklärliche Angst*
- *Rachegedanken*
- *Plötzliche Krankhafte Eifersucht*

- *Lichter flackern*
- *Lichter gehen an und aus*
- *Feuergeruch*
- *Suchtproblematiken*
- *Psychische Störungen*
- *Eiskalt sein*
- *Dunkle Augenränder*
- *Man wird angefasst*
- *Sexuelle Handlungen*
- *Man kann seinem Gegenüber nicht in die Augen sehen, Blickkontakt wird vermieden, denn diese Energien wollen meistens nicht entdeckt werden.*

Sehr auffällig sind die extrem ausgeprägten, teils tiefschwarzen Augenränder. Nicht die üblichen Augenränder, diese schwarzen Augenränder sind schon was spezielles. Muss auch nicht zwingend so sein, dennoch kam dies sehr oft zum Vorschein bei einer Besetzung.

Nach meiner Erfahrung kann ich sagen, dass leider so gut wie jeder zweite eine Besetzung aufweist. Das ist enorm und leider die Realität.

Ich gehe sehr respektvoll, mit den sehr dunklen Energien, den Seelen um.

Denn wir waren schon alles einmal selbst, in unseren vielen Leben.

Das Gute und das Böse.

Ich bin Neutral und ich bin die Liebe in diesem Moment. Ich trete in eine Art Verhandlung ein und diese Gespräche dauern auch manches Mal recht lange, bis wir das gewünschte Ergebnis endlich erzielt haben.

Wichtig ist folgendes für meine Verhandlungen:

- *Aufbau von Vertrauen*
- *Offenheit*
- *Ehrlichkeit*
- *Geduld*
- *Wertfreiheit*
- *Energetischer Schutz*
- *Einen sauberen Kanal*

Am Ende wird alles gut, auch wenn so manches mal die Kommunikation etwas dauert.

Die Seele hat ihren Frieden gefunden und der Erdenmensch auch. Die Wohnung fühlt sich wieder frei an und es gibt keine verdichtete Energie mehr.

Unerklärliche Phänomene sind aufgelöst.

Körperlich fühlt man sich frei und Leichtigkeit zieht wieder ins Leben.

Die Lebensenergie steigt wieder an und Heilungsblockaden werden aufgelöst.

Der Mensch kann wieder aufatmen und ist ganz alleine in seinem Energiefeld, so wie es sein soll!

Plötzlich aus dem Leben gerissen

Die Menschen, die urplötzlich und ohne Ankündigung, aus dem Leben gerissen werden, diese Seelen weisen extremste Verwirrtheit auf und wissen teilweise gar nicht, dass sie gestorben sind.

Der plötzliche Herztod, der nicht vorhersehbare Unfall, eine missglückte OP oder ein heimtückischer Mord.

Mitten aus dem Leben gerissen und das ohne Vorwarnung. Die liebsten zurückgelassen, vielleicht gerade frisch in der Zukunftsplanung gewesen und von einer Sekunde auf die andere ist alles vorbei.

Dieses Beispiel ist kein Einzelfall, sehr oft stehen diese Seelen unter großen Schock. Sie sehen ihren leblosen Körper und bemerken, dass ihre Rufe nicht erhört werden. Niemand wird auf sie Aufmerksam.

Und so passiert es, dass diese aufgeschreckten Seelen, sich nicht von ihrem Umfeld hier auf der Erde trennen können.

Sie treten erst gar nicht ihre Heimreise an! Das zeigt uns auch wieder auf, dass wir mit unseren liebsten, niemals im Streit und bösen Wörtern auseinandergehen sollten.

In meinen Sitzungen durfte ich beobachten, dass ein Verstorbener sich meldet, da er noch etwas bereinigen möchte oder sich verabschieden will, da er es zu Lebzeiten nicht konnte.

Sehr oft möchten sich die Verstorbenen entschuldigen und um Vergebung bitten.

Ein verletzendes Wort zu Lebzeiten, lässt beide Parteien nicht zur Ruhe kommen. Bei dem kleinsten Streit fallen sehr schnell Worte wie:

- *Ich hasse dich*
- *Ich habe dich nie geliebt*
- *Hätte ich dich bloß nie kennengelernt*
- *Du bist die Hölle für mich*
- *Du hast mein Leben kaputt gemacht*

Oder Handlungen, die man bereut wie:

- *Lügen*
- *Fremdgegangen*
- *Gewalttaten*
- *Seelischer Missbrauch*
- *Sexueller Missbrauch usw.*

Ohne vorab zu denken, fängt der Mund an zu reden, vor lauter Wut und im eigenen EGO gefangen. Die Kommunikation auf Augenhöhe ist nicht mehr möglich. Und wenn man dann aus dem Leben urplötzlich scheidet, das ist doppelt bitter für beide Seiten.

Es gibt auch die Seelen, die nur mal vorbeischauen um nach dem Rechten zu sehen.

Sie möchten wissen, wie es dem Lieblingsmenschen, hier auf der Erde so geht.

Alles ist Energie! Jeder Gedanke hier auf der Erde, sendet an seinen Lieblingsmenschen im Jenseits Impulse.

MERKE:

Eine Herzverbindung stirbt niemals.

Liebe bleibt für immer bestehen, bis über die Grenzen hinaus!

Fallbeispiel:

Eine Dame sitzt im Wohnzimmer und denkt an die schöne alte Zeit zurück und schwelgt liebevoll in Gedanken an ihren Mann. Schneller als Lichtgeschwindigkeit sendet sie Signale in die andere Ebene. Ich darf berichten, dass die Verstorbenen in meinen Sitzungen, gerne symbolisch kleine Geschenke überreichen. Zum Beispiel wird eine weiße Feder oder eine rote Rose überreicht. Wenn der Hinterbliebene an dieses Symbol denkt, so wird sein Lieblingsmensch aus dem Jenseits sofort bei ihm sein. Der Verstorbene sucht sich das aus, was den Hinterbliebenen hier auf der Erde bewegt hat. Der eine liebt das gärtnern und somit die roten Rosen, der andere liebte Federn, bestimmte Edelsteine oder ein besonderes Tier. Beide wissen ganz genau, welche besonderen Momente, sie miteinander verbunden hat.

Kleine Anekdoten werden verraten und zaubern allen Beteiligten ein sehr bewegendes und liebevolles Lächeln ins Gesicht. Für eine gewisse Zeit bleibt die Zeit stehen und es wird auch mal herzhaft gelacht. Man wird von der Liebe getragen, gehalten und getröstet. Der Hinterbliebene sieht, dass sein liebster nicht verloren gegangen ist. Er ist nicht für immer weg. Er hat seinen Körper verlassen und ist nach Hause zurückgekehrt in eine andere Welt, eine andere Ebene. In meinem medialen Raum darf alles geklärt werden.

Trost und Liebe wird gespendet!

Es ist ganz normal, dass Tränen fließen und man sollte seine Emotionen auch nicht unterdrücken. Oftmals sind meine Klienten am Anfang etwas schüchtern, da sie nicht wissen was auf sie zukommt.

<u>Alles verständlich!</u>

Fallbeispiel: Kinderseele

Ich erhielt einen Auftrag von einer Familie, dass in ihrem Haus seltsame Dinge passieren. Mir wurde geschildert, die Lichter flackern permanent und dass beim lesen eines Buches, die Lampe immer wieder ausgemacht wurde. Die Dunstabzugshaube in der Küche, stellte sich wie von Geisterhand immer wieder an und aus. Ich bemerkte eine Kinderseele, wie sie zu mir Kontakt aufbauen wollte. Bei mir ist es so, dass ich in jeder medialen Sitzung, eine Mauer um mich herum sehe, wo sich die Verstorbene zeigen bzw. sich bemerkbar machen. Ich sah dieses Kind und bat es, sich mit mir zu unterhalten. Dieses Kind hatte schreckliche Angst. Es war mir dennoch möglich ein Gespräch zu eröffnen. In der Kommunikation stellte sich heraus, dass seine ganze Familie gestorben sei, durch einen Wohnungsbrand. Dieses Kind war ganz alleine bei mir und ich musste Vertrauen aufbauen, dass der kleine Junge sich mir ganz öffnete.

Warum hat dieses Kind so schreckliche Angst? In der Vergangenheit hatte der Vater seinem Jungen immer und immer wieder ermahnt, nicht mit Feuer zu spielen. Der Junge liebte es zu kokeln und mit Feuer zu experimentieren. Die Neugierde jeden Kindes eben. Dieser Junge hatte den Wohnungsbrand ausgelöst und blieb aus der Angst heraus, auf der irdischen Ebene stehen. Denn er hatte große Angst, dass sein Vater auf ihn böse ist und mit ihm schimpfen würde. Schließlich ist die ganze Familie, durch das kokeln des Kindes, ums Leben gekommen. Das war diesem Jungen bewusst. Nach einiger Zeit, baute er zu mir Vertrauen auf und ich konnte mit ihm ganz ruhig und liebevoll kommunizieren. Ich war in diesem Augenblick auf die Hilfe der geistigen Welt angewiesen. Meine geistigen Helfer organisierten alles weitere und die Eltern des kleinen Jungen kamen auch in meine Nähe. Der Vater des Jungen sagte, dass er niemals mit ihm meckern würde und er solle doch zu ihm kommen und ihm vertrauen. Der kleine Junge ging zu seinen Eltern und die ganze Familie konnte nun gemeinsam den Weg antreten in die geistige Welt. Mein Auftrag war erledigt! Ab diesem Zeitpunkt flackerte kein Licht mehr in diesem Haus, die Lampe blieb ab sofort immer angeschaltet beim lesen und die Dunstabzugshaube drehte auch nicht mehr am Rad. Alle waren zufrieden und kamen wieder zur Ruhe. Das Haus fühlte sich nach der Heimführung der Seelen, wieder komplett leicht an. Diese extrem verdichtete Energie war nun aufgelöst. Somit wurde die Schwingung des Hauses wieder angehoben und alle waren zufrieden. Die Bewohner hatten durch diese Erfahrung sich gewandelt und waren diesen Themen offen nun zugewandt. In dem Fall mit dem kleinen Jungen, sieht man mal wieder, was die Angst mit einem anstellt und zum anderen sieht man, mit welchen Mitteln die Seelen auf sich Aufmerksam machen.

Das war eine Familienzusammenführung, dass macht mich besonders glücklich!

Mediale Sitzungen

In einer medialen Sitzung haben Menschen die Hoffnung, mit einem Lieblingsmenschen aus der geistigen Welt, sprechen zu dürfen. Es kommt auch ab und zu vor, dass sich keiner meldet. Das kann die verschiedensten Gründe haben. Meine Erfahrung hat gezeigt, dass sich die Verstorbenen meist viel jünger präsentieren. Ein achtzig jähriger Mensch der gestorben ist, der zeigt sich meisten so in dem Alter zwischen dreißig bis vierzig Jahren. Deshalb sind Personenbeschreibung eher schwierig. Die Verstorbenen zeigen mir Bilder, die für den Angehörigen bedeutungsvoll erscheinen. Somit können sie sich sicher sein, dass der Opa, Vater oder die Mutter, in unserer Sitzung die richtigen sind.
In sehr schwierigen Fällen arbeite ich mit einer exzellenten Kollegin zusammen, die ebenfalls ein Medium ist und eine sehr erfolgreiche Heilerin.

Fallbeispiel:

Eine Frau erteilte meiner Kollegin und mir den Auftrag, ihr Haus zu reinigen. Schon beim Eintreten bemerkten wir, dass die Kellerräume des Hauses betroffen waren.

Bereits beim hinuntergehen in den Keller, verdichtete sich schlagartig die Energie. Mir war klar, dass sich sehr viele Seelen zeigen werden. In einem Raum wurden mir als Medium die Bilder sichtbar gemacht.

Kinderwiegen wurden mir gezeigt, eine Wiege nach der anderen. Ganz ordentlich nebeneinander aufgereiht. So wie es damals tatsächlich war, so wurde es mir gezeigt. Jetzt wurde mir klar, dass es sich hier um ein ehemaliges Kinderheim handelt. Ich hörte die Babys weinen, die Seelen waren hier eingesperrt, niemand hier hatte den Weg nach Hause ins Licht gefunden.

Weitere Bilder wurden für mich freigegeben und ich sah, wie vor dem Haus alles in Schutt und Asche sich befand. Durch Raketeneinschläge wurde alles zerstört und dass Leben der Menschen beendet.

Unsere Aufgabe, Vertrauen aufbauen, die Seelen beruhigen, um sie dann den geistigen Helfern zu übergeben. Frauen, Männer und Babys die in weißen Tüchern eingewickelt waren, reihten sich auf, um die Heimreise anzutreten.

Wie bereits am Anfang des Buches beschrieben, sind heute noch so unendlich viele Seelen aus dem Krieg eingesperrt.

Und es kommt immer mehr dazu, denn auch heutzutage führen die Menschen Kriege. So kommt es immer wieder vor, dass unter den Häusern die im Laufe der Jahre gebaut wurden, noch sehr viele Seelen eingeschlossen sind.

Das Ganze hat Auswirkungen auf die Schwingung des Hauses, der Umgebung und den Menschen.
Ganze Ortschaften können dadurch betroffen sein.
Und somit auch die Menschen, die dort leben.

Wie ich auch schon bereits erwähnte, erstickt Mutter Erde an diesen energetischen Verdichtungen. Ich möchte hier nochmals betonen, dass es unumgänglich ist, Mutter Erde auch in diesem Bereich zu befreien.

Mutter Erde muss LICHTER werden!

Fallbeispiel:

Eine junge Frau beschäftigte sich an einem schönen Sommertag mit dem Jenseits. Sie suchte im Internet nach Erfahrungsberichten und schaute sich Videos auf YouTube an. Sie konnte sich an diesem Tag nicht Ablenken und sie wunderte sich bereits über ihr Verhalten. Am nächsten Tag öffnete sie Facebook und ihr stockte der Atem. Sie sah einen Post von einem guten Freund.

Dieser veröffentlichte, dass sein Bruder gestorben sei. Der verstorbene Bruder war für die Frau eine besondere Seelen-Verbindung. Ein Lebensfreund, den sie mehr mal Zwanzig Jahre bereits kannte. Sie spürte einen Tag zuvor ganz intuitiv, dass dieser Mann gestorben war. Sie wusste es nicht wirklich, dennoch beschäftigte sie sich genau an diesem Tag mit dem Jenseits, als dieser verstarb.

Besondere Seelen-Verbindungen tragen ein unsichtbares Band, dass unaufhörlich Informationen sendet. Die Frau spürte etwas, konnte es aber nicht einordnen. Der Freund, der starb, war nun mit dem Jenseits vertraut und nicht mehr hier auf der Erde und diese Information trat an sie heran, weil beide in einer Herzverbindung zueinanderstanden. Als sie die Nachricht des Todes sah, war sie zu tiefst erschüttert. Sie musste immer wieder weinen und fühlte tiefe Trauer. Als sie am späten Abend zu Bett ging, schlief sie recht schnell ein und wachte mitten in der Nacht auf. Sie öffnete die Augen und hörte dass der Fernseher lief, dass aber gar nicht sein konnte, denn sie hatte ihn wie immer, vor dem zubettgehen abgestellt. Sie blieb erstarrt liegen und hörte, dass im Fernseher eine Geschichte über Jesus vorgetragen wurde. Das alles war ihr noch nie widerfahren und machte ihr in diesem Moment etwas Angst. Sie stand auf und ging in ihr Wohnzimmer, dort sah sie, dass der Kanal Bibel TV angeschaltet war. Das kann nicht sein, denn erstens schaute sie diesen Kanal niemals und dieser Kanal ist auf ihrer Fernbedienung auf Platz 78. Der Fernseher war ausgestellt und er geht von alleine an und warum dann direkt auf Kanal 78?

Aus Angst, dass der Fernseher noch einmal angehen könnte, entschied sie sich, ihn anzulassen und sich wieder ins Bett zu legen. Auf einmal hörte sie aus der Küche einen dumpfen Knall.

Sie blieb weiter in ihrem Bett liegen, denn sie fühlte sich nicht mehr wohl in ihrer Haut. Das alles war ihr sehr unheimlich!

Am nächsten Morgen stand sie auf und in ihrer Küche bemerkte sie, dass ein großes Bild heruntergefallen war. Dieses Bild konnte nicht herunterfallen! Der Nagel war fest verankert in der Wand. Um dieses Bild herunter fallen zu lassen, müsste man es förmlich vom Nagel runterschieben.

In der nächsten Nacht träumte sie von dem verstorbenen Freund, er umarmte sie voller Leidenschaft und hielt sie eng- umschlungen fest. Dann wachte sie auf und sie wusste, er kam in ihre Träume um sich zu verabschieden.

Ab dieser Minute war alles wieder beim alten und in ihrer Wohnung kam es zu keinem merkwürdigen Vorfall mehr.

Ich möchte nochmals darauf hinweisen, dass eine Herzverbindung niemals stirbt. Eine Herzverbindung bleibt immer beste- hen und sendet Informationen in jede kleinste Zelle des Körpers.

Natürlich hat jeder einen freien Willen. Du entscheidest, was gut und richtig ist. Welche Herzverbindungen möchte man aufrechterhalten und welche nicht.

Auf der Erde, sowie im Jenseits!

Unsere Tiere als Wegbegleiter

Unsere geliebten Haustiere, unsere treuen und liebevollen Wegbegleiter möchte ich nicht vergessen. Dieses Thema ist mir sehr wichtig!

Tierseelen halten sich auch außerhalb des Jenseits auf und haben durch die verschiedensten Thematiken, die Heimreise nicht angetreten.

Ich darf dir berichten, dass unsere Haustiere sehr gerne durch bereits verstorbene Personen, wie Familie- Bekannte oder Freunde abgeholt werden und ins Jenseits geführt werden. Die sogenannten Nutztiere haben leider nicht diesen Luxus und sind auf sich alleine gestellt.

Die geistigen Helfer unterstützen und leuchten den Weg ins Jenseits.

Sehr oft kommt es vor, dass auch zum Beispiel Hunde, als Seele ihre Erdenfamilie weiter begleiten und sich nicht trennen können. Deshalb ist es sehr wichtig LOSZULASSEN!

Für viele Menschen bricht eine Welt zusammen, wenn das geliebte Haustier verstirbt. Der Mensch fällt in großen Kummer und fühlt sich einsam.

Die Tiere leisten einen so wundervollen Dienst am Menschen, voller Hingabe und Treue. Was mich sehr beschämt, ist die Tatsache, dass die Tiere in unserer Welt immer noch so unfassbar schlecht behandelt werden. Noch beschämender finde ich, dass man ein Tier in seinem letzten Lebensmoment alleine lässt. Ich selbst habe alle meine Hunde bis zum letzten Atemzug begleitet und blieb treu an ihrer Seite.

Das ist der größte Liebesdienst, den du geben kannst!

Selbst wenn dein Tier bereits im Tiefschlaf sich befindet, nimmt es dich wahr und kann alles fühlen, was dich bewegt. Es fühlt deine Liebe, Angst, Tränen und deine Trauer. Wenn ein Tier verstirbt, löst sich die Seele und auch Tiere können wie Menschenseelen sehr verwirrt sein. Meine Tiere wurden abgeholt und begleitet. Auch du kannst dein Tier bestmöglichst betreuen, auch nach dem es bereits verstorben ist. Bitte die geistige Welt um Hilfe und visualisieren die Heimführung.

- *Für die Welt warst du nur ein Hund, aber für mich warst du die Welt.*
- *Wenn dich meine Liebe hätte retten können, hättest du für immer gelebt.*
- *Du magst mein Leben verlassen haben, aber mein Herz wirst Du nie verlassen.*
- *Meine Liebe zu Dir überwindet alle Grenzen bis über den Tod hinaus.*
- *Die Regenbogenbrücke ist für Dich ein neuer Ort voller Freude und Zeitlosigkeit, auch wenn dies bedeutet, dass es jetzt Zeit ist für den Abschied.*

Die Seelen die noch nicht ins Jenseits gegangen sind, nehmen an unserem Alltag ganz normal teil. Ich würde schon fast sagen, dass es hier so manches Mal wie am Bahnhof zu geht. Aus meinen Erfahrungen darf ich berichten, dass viele Menschen zwar irgendwo ahnen, dass etwas um sie herum da ist, dennoch sofort wieder in ihr Ego zurückkehren. Mir fällt auf, dass immer mehr Menschen spüren, wenn sie berührt werden, sie mit ihren Augen aber nichts sehen können. Meist passiert so etwas, wenn der Mensch sich ausruht und sich in einem entspannten Zustand befindet. In diesem Moment befindet er sich in einer anderen Schwingung und hält sich mehr in seinem Herzen auf. Die Verstorbenen möchten sich mitteilen und gerade den Hinterbliebenen, die nicht an ein Leben nach dem Tod geglaubt haben, die Information zukommen lassen, dass eine andere Welt existiert.

Der Tod ist der Anfang von allem!

Die Verstorbenen können dir wichtige Informationen zukommen lassen. Sie sind daran interessiert, dass es dem Hinterbliebenen gut geht und von daher unterstützen sie, wo sie nur können. Natürlich kommt es dann auch mal zu den sogenannten unerklärlichen Phänomenen, die aus meiner Sicht ganz normal sind. Ich unterhielt mich vor einigen Jahren mit einer älteren Dame, sie berichtete mir, dass sie immer ein mulmiges Gefühl hat, wenn sie an einem Friedhof vorbeigehen muss. Viele Menschen graust es bei dem Wort Friedhof. Der Fantasie keinen Grenzen gesetzt, wie zum Beispiel:

- *Spuken*

- *Horrorfilme*
- *Vampire*
- *Geöffnete Gräber*
- *Nebel*
- *Fledermäuse*

Schauermärchen spuken vielen Menschen im Kopf herum, wenn sie an einen Friedhof denken. Ich darf dich beruhigen, denn ich möchte klarstellen, dass auf einem Friedhof so gut wie keine Seelen sich befinden. Auch die Bestattungsunternehmen sind so gut wie ohne Seelen. Es kommt vor, dass sich der Verstorbene zu seiner trauernden Ehefrau gesellt, beim Abschiednehmen am offenen Sarg. Die Ehefrau wird dann aber mit großer Sicherheit auch wieder nach Hause begleitet. Der Verstorbene hat kein Interesse mehr an seinem leblosen Körper. Die Hülle ist zurückgeblieben und jetzt hat dieser Körper keinerlei Bedeutung mehr.

Für mich persönlich steht meine Entscheidung fest, dass ich mich nach meinem Ableben niemals verbrennen lassen würde.

Aus meinen medialen Erfahrungen darf ich dir mitteilen, dass sich die sogenannte Silberschnur, bei dem einen sehr schnell und dem anderen sehr langsam ablöst. Mir wurde mehrfach berichtet, wenn die Silberschnur noch nicht vollständig gelöst ist, die Seele Höllenqualen erleben kann, bei der Einäscherung.

Wenn der Sarg in den Feuerofen kommt, dann wird sozusagen die Seele, die noch mit der Silberschnur verbunden ist, mitgeschleift. In anderen Kulturen, wie zum Beispiel dem Islam, sieht der Koran vor, dass der Verstorbene innerhalb von 24 Stunden bestattet werden sollte. Im Islam ist eine Feuerbestattung verboten.

Dennoch sehe ich dies sehr problematisch, da die Silberschnur noch nicht vollständig durchtrennt sein könnte.

Unterschiedliche Kulturen – unterschiedliche Bestattungsrituale.

Das hinübergleiten wird ganz unterschiedlich erlebt. Ich bin dadurch zu dem Schluss gekommen und darf berichten, dass der Verstorbene ein angenehmes Hinübergleiten beschrieb, wenn dieser bei Lebzeiten, ein eher ausgeglichenes Leben hier auf der Erde führte. Ein Leben gefüllt mit Liebe und Empathie führt zu einem leichteren Loslassen. Die Seelen, die hier auf der Erde ein Leben Abseits der Liebe lebten und sich vermehrt mit negativen Energien umgaben, die berichteten, dass sich große Schwierigkeiten anbahnten, den Lichtweg ins Jenseits zu finden. Es ist anzunehmen, je mehr Chaos im irdischen Leben, desto schwieriger der persönliche Ablöseprozess. Mir wurde auch berichtet, dass sich das Hinübergleiten sehr oft genauso gezeigt hatte, wie man sich diesen zu Lebzeiten vorgestellt hatte.

Sehr oft wurde übermittelt, dass beim Ablöseprozess wunderschöne Klänge wahrgenommen worden sind und die schönsten Farben wurden sichtbar.

Einige berichteten, dass sich Lichtgestalten zeigten, die auch mit ihnen sprachen.

Wie ich erfahren durfte, gibt es die lichtvolle Ebene, ebenso aber auch die Ebene, die weit ab vom Licht ist. Mir wurde berichtet, dass es sich dort sehr kalt anfühlt. In dieser Ebene herrscht Angst und es fühlt sich schwer und träge an.

Wie im richtigen Leben, eben!

Wir sind alle aufgefordert, unser Leben hier auf der Erde, auf dem Pfad des Lichtes aufzubauen und zu beschreiben. Unsere Seele möchte sich stets weiterentwickeln. Wir dürfen uns immer wieder aufs Neue entscheiden.

Wir haben einen freien Willen!

Dein freier Wille ist unantastbar!

Vertraue deiner Intuition und bleibe dir selbst treu. Du trägst alles bereits in dir! Öffne dein Herz und fühle die Liebe!

Denn die Liebe ist immer die Antwort!

Fallbeispiel:

Eine Frau kontaktierte mich und bat um Hilfe. Sie berichtete mir, dass sie in der Nacht, merkwürdige Geräusche im Treppenhaus wahrnehmen würde.

Immer wenn sie in der Nacht auf die Toilette ging, hörte sie im Flur, dass sich im Treppenhaus irgendetwas abspielte. Sie hatte das Gefühl, als ob irgendjemand etwas über den Boden schiebt.

Sie schaute durch den Spion und sah, dass das Licht zum Keller angeschaltet war. Eine Frau versuchte einen Korb die Treppen hochzuschieben, dass aber nicht funktionierte.

Immer wieder versuchte diese Frau, den Korb eine Stufe weiter zu bringen, vergebens!

Die Frau öffnete nun ihre Haustüre und wollte wissen wer die Person ist, die mitten in der Nacht so viel Lärm macht.

Als sie die Haustür öffnete, war niemand zu sehen. Das Licht im Keller war aus und es war weit und breit nichts zu hören. In den folgenden Nächten wiederholte sich das ganze. Die Frau konnte es sich nicht erklären und sie hatte niemanden in ihrer Nähe, dem sie es hätte erzählen können. Der Großteil der Menschen würde so eine Geschichte auch nicht wirklich ernst nehmen.

Beispiele als Antwort:

- *Du bist bestimmt überarbeitet.*
- *Du warst noch nicht ganz wach.*
- *Siehst du Gespenster?*
- *Du hast eine blühende Fantasie.*
- *Das bildest du dir ein.*
- *Hast du zu viele Horrorserien geschaut?*

Sie spürte ganz intuitiv, dass sich im Keller etwas abspielte, was man mit bloßem Auge nicht direkt erkennen kann. Sie hat Recht! Ich fand heraus, dass in dem Keller, sich sehr viele Seelen aufhielten und einige Tierseelen darunter. Das Ereignis auf der Treppe, so wie die Frau mir das vorab beschrieb, war tatsächlich eine Seele. Weiblich – eine ältere verstorbene Dame, die versuchte einen gefüllten Wäschekorb die Treppen hinauf zu schieben. Diese verstorbene Dame zeigte sich mir ganz stark, sie hatte einen Buckel auf dem Rücken und weißes dünnes Haar. Der Keller war ihr Zuhause. Sie starb im Krieg und wurde dort verschüttet. Wie ich am Anfang bereits berichtete, sind heute immer noch unendlich viele Seelen durch den Krieg, zwischen den Ebenen gefangen, aus den unterschiedlichsten Gründen! Die Tiere, dich sich im Keller zeigten, waren das sogenannte Nutzvieh. Schweine, Kühe und jede Menge Hühner. Stallgeruch nahm ich war und extrem verdichtete Energien. Mit der alten verstorbenen Dame ging ich in die Kommunikation und sie war bereit, die Reise ins Licht anzutreten.

Sie war erleichtert und sehr dankbar. Von ganz alleine kamen weitere Seelen und stellten sich in einer Reihe auf. Wenn diese verloren gegangenen Seelen mitbekommen, dass zum Beispiel ein Medium, so wie ich, die Heimführung organisieren möchte, dann wird diese Information wie ein Lauffeuer an jeden weiteren der in der unmittelbaren Umgebung sich aufhält, weitergegeben.

Ich sorge für einen unkomplizierten Ablauf. Meine geistigen Helfer sind an meiner Seite. Es ist mit eines meiner wichtigsten Aufgaben, die Seelenheimführung. Schon in der folgenden Nacht, hat die Dame keinerlei Geräusche mehr *wahrgenommen und alles war in Ordnung. Diese Seelen wollten die Aufmerksamkeit auf sich lenken, damit die Bewohnerin des Hauses, sich mit diesem Thema auseinandersetzt und sich Hilfe sucht. Das alles sollte so sein, damit die Seelen endlich ihre Heimreise antreten dürfen. Jederzeit kann sich so ein Fall wiederholen, weil die Welt überladen ist, mit den Seelen, die zwischen den Ebenen sich immer noch aufhalten.*

Beziehungen

Nachträglich möchte ich noch einmal auf das Thema Besetzungen zu sprechen kommen und was das mit unseren Beziehungen machen kann. Wie bereits weiter vorne beschrieben, wirkt sich eine Besetzung ganz unterschiedlich auf den Menschen aus.

Blicken wir gezielt auf alle Partnerschaftsthemen, Freund, Freundin, Ehepaar, Eltern und Geschwister. Ganz egal in welcher Form du mit einem bestimmten Menschen in einer Art Beziehung geradestehst. In den meisten Fällen hat eine Besetzung gravierende Auswirkungen und kann sogar zu einer Trennung führen.

Ich habe in all den Jahren gelernt, sofort zu erkennen ob eine bestimmte Person eine Besetzung aufweist. Ich kann das förmlich riechen. Täglich kontaktieren mich Menschen, die entweder in endlosen verstrickten Beziehungsthemen verwickelt sind oder der Partner schlagartig extreme Verhaltensmuster zeigt. Diese Menschen drehen sich im Kreis und kommen nicht weiter. Die Personen, die besetzt sind, werden manipuliert.

Wie Ferngesteuert, sie sind nicht mehr sie selbst. Plötzliche Stimmungsschwankungen und aggressive Zustände bis hin zu selbstzerstörerischen Verhalten. Da es unterschiedliche Besetzungen gibt, kann das von nur ein bisschen Veränderung, bis hin zum allerschlimmsten führen. Es gibt unendlich viele Symptome und Merkmale, die auf eine Besetzung hindeuten können. Sehr viele Beziehungen gehen auseinander, da sein Gegenüber, dem nicht mehr Stand halten kann.

Verständlich! Die Besetzung steigt liebend gern in das Energiefeld ein, wenn die Energie über einen längeren Zeit-

punkt tief unten schwingt. Wenn die Person, sich mit sehr düsteren Personen umgibt, sich auf Abwegen befindet bzw. sich in sehr zwielichtigen Kreisen aufhält. Aber auch bei Menschen die ein ganz normales Leben führen, kann dies passieren. Selbst bei Menschen, die sehr spirituell sind und ihr Leben dementsprechend so ausgerichtet haben. Wir sollte stets sehr achtsam sein und auf unser Energiefeld aufpassen. Es ist zwingend erforderlich stets eine hohe Schwingung aufzuweisen. Wenn über einen längeren Zeitraum unsere Energie auf ein extrem niedriges Niveau gefahren ist, dann sind wir auch anfällig für sämtliche Krankheiten. Krankheiten sind immer zuerst sichtbar im feinstofflichen Körper, teilweise mehrere Jahre vorher, bevor im Außen die Diagnose gestellt wird. Wenn die Krankheit vorab im feinstofflichen Körper sichtbar wird, kann man diese exzellent bearbeiten bzw. eliminieren.

Fallbeispiel: Stimmen hören

Ein junger Mann wendete sich vor einigen Jahren an mich, er war verzweifelt und wusste nicht mehr ein noch aus. Über viele Jahre hinweg, hörte er Stimmen. Mal mehr, mal weniger.

Ein 38-jähriger Mann, selbstständig und in der Welt viel unterwegs.

Meistens hörte er die Stimmen, wenn er am Abend wieder für sich alleine war, also im Ruhezustand. Die Stimme die er hörte war Männlich und sehr freundlich.

Dennoch kaum zu ertragen, da diese Stimme an manchen Tagen einfach nicht aufhören wollte, sich ihm mitzuteilen.

Der Mann war spirituell ausgerichtet und befand sich in seinem persönlichen Seelenprozess und war all die Jahre damit beschäftigt, sich weiterzuentwickeln und zu wachsen.

Er wusste bereits um die Dinge, die es gibt und wollte aus diesem Grund keinen Arzt aufsuchen.

Denn Psychopharmaka unterdrückt zwar das Hören von Stimmen – mehr jedoch nicht!

Ich möchte wissen was mit diesem Mann los ist und habe angefangen seinen Fall genau zu studieren. Wie lebt er, was macht er in seiner Freizeit und mit welchen Menschen ist er privat und beruflich zusammen.

Ich bin gemeinsam mit meiner langjährigen Kollegin, sein gesamtes Leben durchgegangen. Bei schwierigen Fällen arbeiten wir immer gemeinsam an einen Fall, jeder von uns ist spezialisiert auf bestimmte Themen.

Beruflich war der Mann viel unterwegs und hatte weltweit Shootings und ist immer wieder in verschiedene Charaktere hineingeschlüpft. Teilweise auch sehr düstere Shootings, mit Totenköpfen, Särgen. Zusätzlich hat er sich beruflich in Kreisen aufgehalten, wo er sehr viel Alkohol und diverse Substanzen zu sich genommen hat. Das größte Problem war für mich aber das permanente Rollenspiel verschiedener Charaktere. Denn bei einem dieser Rollenspiele und gleichzeitigen Konsum von sehr fragwürdigen Substanzen, setzte sich eine sogenannte Besetzung in sein Energiefeld ab. Diese Besetzung war sehr negativ behaftet und fühlte sich nun in dem Energiefeld von diesem Mann sehr wohl und hatte im wahrsten Sinne des Wortes viel zu erzählen. Der Mann befand sich in einem Konflikt. Auf der einen Seite widmete er sich der Spiritualität und auf der anderen Seite hing er beruflich in bestimmten Kreisen fest, wo Alkohol und Kokain zur Tagesordnung gehören. Diese harte Besetzung hatte nur ein Ziel!

Diesen Mann von seinem Lichtweg abzubringen!

Deswegen eben auch sein Konflikt!

Diese Stimme meldete sich am Anfang immer dann, wenn er zur Ruhe kam und meistens, wenn er zuhause sich aufhielt. Denn wenn der Mann für sich alleine war, wollte er sich wieder mit seinem Entwicklungsprozess auseinandersetzen und sich Spirituell weiterbilden. Und natürlich meldete sich dann die Stimme, die ja versuchte ihn von seinem Lichtweg abzubringen. Wir haben mit sehr viel Fingerspitzengefühl und mit intensiver Arbeit es geschafft, diesen Mann zu befreien. Danach entwickelte er sich weiter und war frei von negativen Einflüssen. Sein Bewusstsein stieg rasant an und ich bin sehr stolz, dass er heute sich ausschließlich seiner spirituellen Berufung widmen kann. Gerade in der aktuellen Zeitqualität, zeigt sich deutlich, wer sich für den lichtvollen Weg entscheidet. Das dunkle kämpft auf Hochtouren gegen das Licht. Wir wandern auf eine komplett neue Energie zu. Wir befinden uns mitten im Wandel. Es ist wichtig, dass du jetzt noch alles klärst, was es zu klären gibt. Meine Erfahrungen haben mir gezeigt, dass so gut wie jeder zweiter eine Besetzung aufweist. Leider ist das so und es wird sich deutlich verstärken in der Zukunft. Ebenso wird sich das Problem „Stimmen hören „drastisch verstärken. Die Psychiatrien sind voll mit Menschen, die dieses Problem aufweisen. Wir sind aufgefordert, gerade jetzt in der aktuellen Zeitqualität, sehr genau darauf zu achten, mit welchen Energien wir uns umgeben.

Wie bist du aufgestellt mit deinem eigenen Energiefeld und wie schützt du dich vor negativen und extrem machtvollen Energien.

Fallbeispiel

Eine 56-jährige Frau wurde in eine Klinik eingeliefert und hat die Diagnose Psychose erhalten. Sie wurde mit Tabletten eingestellt und durchlief die gängigen Therapien, schulmedizinisch ausgerichtet. Sie erzählte mir, dass ihr Ehemann einige Jahre zuvor, verstorben sei und dass sie mit diesem Verlust nicht fertig geworden ist. Sie igelte sich immer mehr ein und litt an Depressionen. Über viele Jahre nahm sie nicht mehr am Leben teil und isolierte sich zunehmend mehr.

Sie fing an zu trinken und hatte sich aufgegeben. Eines Abends saß sie auf ihrer Couch und sah sich im Fernseher eine Doku an. Eine Dokumentation über den zweiten Weltkrieg. Sie trank dabei ein Glas Wein, so wie immer. Nach einer gewissen Zeit war sie müde und schaltete den Fernseher aus. Obwohl der Fernseher ausgeschaltet war, ging die Dokumentation weiter in ihrem Kopf. Sie war mitten drin, sie befand sich im Krieg. Sie hörte Schießereien und Explosionen. Es wollte einfach nicht aufhören und machte ihr große Angst. Sie war sozusagen von einer Sekunde auf die andere, in einem falschen Film. Sie war in der Dokumentation hängengeblieben.

Sie entschied sich dazu, die Polizei zu rufen und erklärte ihre Situation. Die Polizei und ein Krankenwagen kamen und brachten die Frau in die Psychiatrie. Diese Frau hatte über Jahre sich im Kummer und Leid aufgehalten, ihr Energiefeld war ganz unten. Der Alkohol kam dazu und vergiftete jede Zelle ihres Körpers. Ihre Energie wandelte sich im Laufe der Jahre. **Vom Licht zur Dunkelheit!** *In dem Moment als sie sich die Dokumentation über den zweiten Weltkrieg angeschaut hatte, wurde ihr Energiefeld angegriffen. Mehrere Besetzungen waren mit ihm Spiel und so kam sie, aus Sicht der Schulmedizin zu der sogenannten Psychose. So ergeht es vielen, das ist kein*

Einzelfall! So extreme Besetzungen, können verehrende Auswirkungen haben. Wie bereits am Anfang erwähnt, können auch Tiere besetzt werden, bis hin zu ganzen Ortschaften. Ich könnte unzählige Fallbeispiele niederschreiben. Als Medium sehe ich binnen Sekunden, was in dem Energiefeld meines Gegenübers los ist. Energetische Verdichtungen werden sichtbar und manchmal wundere ich mich immer noch, was sich in einem Energiefeld sich über Jahre hinweg so ansammeln kann.

In meinen medialen Sitzungen ist Trauer um einen geliebten Menschen sehr präsent und sehr oft kommt der Mensch ohne professionelle Hilfe da nicht raus. Trauerarbeit gehört bei mir mit dazu, es ist unumgänglich! Trauer kann eine extreme Macht ausüben und zwingt so manchen Menschen in die Knie. Die mediale Sitzung ist immer verknüpft mit Trauerarbeit und dass ganzheitlich betrachtet. Die Kommunikation mit dem Verstorbenen ist ein wesentlicher Bestandteil, um erfolgreich die Trauerarbeit zu begleiten. Meine Sitzung ist zwar sehr tiefgreifend, dennoch fühlen sich meine Klienten nach einer gewissen Zeit, innerlich stark. Sie haben die Kraft sich wieder für die Zukunft, lebensbejahend aufzustellen. Eine mediale Sitzung ist Liebe und Balsam für die Seele. Der Verstorbene ist ein wichtiger Teil solch einer Sitzung, wenn nicht sogar das wichtigste um den Hinterbliebenen zu trösten und zu stärken.

Trauerarbeit

Trauerphasen nach Elisabeth Kübler-Ross.

1. Leugnen
2. Zorn
3. Verhandeln
4. Depression
5. Akzeptanz

Die 5 Phasen der Trauer sind bei jedem Menschen unterschiedlich.

Das Buch „Interviews mit Sterbenden" von Elisabeth Kübler-Ross kann ich dir sehr empfehlen.

Wenn wir einen geliebten Menschen verlieren, reißt das uns den Boden unter den Füßen weg. Wir fühlen uns Ohnmächtig und fallen sehr oft in ein tiefes Loch. Die Trauerphasen sind wichtig.

- ***Emotionale Reaktionen***
- *Depressionen*
- *Schmerz*
- *Angst*
- *Schuldgefühle*
- *Schock*
- ***Kognitive Reaktionen***
- *Verdrängung*
- *Hilflosigkeit*
- *Verwirrtsein*
- *Konzentrationsschwierigkeiten*
- *Gefühl, dass der Verstorbene in seiner Nähe ist*
- *Grübeln*
- ***Verhaltensbezogene Reaktionen***
- *Müdigkeit*
- *Weinen*
- *Sozialer Rückzug*
- *Aggressivität*
- *Hass*
- *Unruhe*

Körperliche Reaktionen

- *Psychosomatische Beschwerden*
- *Schlaflosigkeit*
- *Appetitlosigkeit*
- *Angstzustände*

*Es gibt Menschen die ihre Trauer nicht zulassen, sie sind nicht bereit den Verlust zu akzeptieren, geschweige loszulassen. Ein Teufelskreis entsteht, bis hin zu sich selbst aufgeben. Die Entscheidung zu treffen wieder am Leben teilzunehmen, sorgt sogar dafür, dass Schuldgefühle entstehen. Ich darf doch nicht glücklich sein, wenn mein Lieblingsmensch nicht mehr unter uns ist. Ich kann dir versichern, **dein Mensch im Jenseits**, will dich glücklich sehen. Wenn du im Kummer und Leid weiterlebst, beschwerst du auch massiv den Verstorbenen.*

Trauern ist ein Zeichen von Liebe!

Trauer verändert den Menschen, das ganze macht etwas mit uns und das ist völlig normal! Wir werden diesen Schockmoment niemals vergessen und der Verstorbene wird immer in unserem Herzen bleiben. Der Trauerprozess dient unserem persönlichen Wachstum. Der Schmerz wird immer präsent sein, dennoch wandelt sich die Sicht- und die innere Haltung rund um dieses schmerzhafte Thema. Auf die lange Sicht gesehen, erlebt der Trauernde eine positive Wandlung seiner selbst. Viele Menschen erleben ein Gefühl von einem gebrochenen Herzen und die Welt steht still. Der Abschied ist keine leichte Sache, dass loslassen fällt schwer. Wichtig ist, dass du die Trauer zulässt und nicht deine Emotionen unterdrückst. Gebe dir den Raum den du für deine Trauer benötigst.

Das Wort Loslassen macht vielen Menschen Angst und sie denken, dass man etwas verliert.

Deshalb hält man krampfartig an etwas fest. Dadurch verengen sich die Energien und dies führt automatisch zu einem Verlust an Lebensenergie.

Loslassen ist eine Form der Anpassung!

Bestimmte Situationen in unserem Leben, die wir nicht ändern können und die eben nicht unseren Wünschen entspricht.

Die Unfähigkeit Loslassen zu können, resultiert aus unseren Verletzungen, Nöten und Sorgen. Loslassen ist eine wichtige Erfahrung, in der wir über uns hinauswachsen dürfen.

Wir haben die großartige Chance, mental zu wachsen und unser Bewusstsein ins nächste Level zu befördern.

Festzuhalten ist Menschlich!

Es ist ein URGEFÜHL und auch wiederum in manchen Situationen Überlebenswichtig und Notwendig für uns Menschen. Wenn die Zeit etwas vergangen ist, wirst du mit dem Schmerz ganz anders umgehen. Denke daran, wie ich bereits am Anfang mehrfach erwähnte, eine Herzverbindung kann niemals getrennt werden, auch nicht über die Grenzen hinaus. Deswegen sind mediale Sitzungen beim Trauerprozess einfach HEILSAM!

In meinen medialen Sitzungen erlebe ich sehr oft, dass auch Menschen, die niemals daran glaubten, sich von einer Sekunde auf die andere wandelten.

Diese Menschen haben in ihrem Leben, solch spirituellen Sitzungen, eher belächelt und abgelehnt. Dann kam der Tag, an dem sie einen wichtigen Menschen verloren haben und die Neugierde führte sie letztendlich zu mir.

Ich spüre sofort, wenn sich mein Klient verschließt, die geistige Welt registriert es sofort und ist daran interessiert, ein AHA Erlebnis zu vermitteln. Ohne Vorabinformationen erhalte ich als Kanal wichtige Informationen zu meinem Klienten und über die Verbindung zu dem Verstorbenen.

Der Verstorbene ist daran interessiert, die bestmöglichste Information zu übermitteln, die nur der Klient wissen kann. Etwas sehr Persönliches darf ich meistens mitteilen. Das sind die kleinen AHA Erlebnisse, die so unendlich wichtig sind.

Denn eine Sitzung bei einem professionellen Medium bringt Heilung in deine Trauer und schenkt dir wichtige Erkenntnisse in deinem persönlichen Wachstumsprozess.

Es gibt Dinge im Leben, die du mit bloßen Auge nicht wahrnehmen kannst. Öffne dich für die Wahrheit. Es ist wie es ist!

Sterbebegleitung

Einen Menschen im Sterbeprozess zu begleiten, ist für mich der größte Liebesdienst, den du geben kannst. Das ist das größte Geschenk, für dein Gegenüber, für dich selbst und für Gott!

LIEBE IST DIENEN

Diese Erfahrung verbindet zwei Menschen miteinander und schweißt zusammen. Alles was bis jetzt im Leben war, scheint nicht mehr wichtig zu sein. Zwei Seelen verschmelzen miteinander, es gibt nur noch die LIEBE! Und auf einmal sind alle Probleme, die einst die Beziehung betrübten, spurlos verschwunden. Wenn der Mensch sich bewusst auf seiner letzten Reise befindet, stellt sich die Frage: Was kann ich jetzt tun?

- *Eine angenehme Atmosphäre schaffen*
- *Respektvoll und auf Augenhöhe kommunizieren*
- *Auf Wünsche eingehen*
- *Kerzen anzünden*
- *Körperliche Nähe*
- *Liebe geben*
- *Gibt es noch Personen, die Abschied nehmen möchten*
- *Letzte Probleme aus der Welt schaffen*
- *Vergebungsrituale*

Das auflösen der Silberschnur bringt dich zu Gott!

Wichtig ist, dass man versucht, die sterbende Person zu beruhigen. Liebevoller Blickkontakt vermittelt:

DU BIST NICHT ALLEINE!

Vielleicht möchten Abschiedsfotos gemacht werden oder zusammen gebetet werden? Mit dem letzten Atemzug beginnt eine neue Reise, dass alte löst sich und der Körper bleibt zurück.

Die Silberschnur wird getrennt!

Nachdem sich die Silberschnur aufgelöst hat, ist es nicht mehr möglich zurückzukehren. Der Körper ist wie eine Nabelschnur mit der Seele verbunden.

Mir wurde als hellsichtiges Medium, die Silberschnur als ein sehr stark leuchtendes Band angezeigt. Ich kann es fast gar nicht in Worte fassen! Das Ablösen der Silberschnur, zeigte sich nicht als einen abrupten Vorgang, ich würde eher sagen, dass sich die Silberschnur auflöste. Das strahlen und pulsieren der Silberschnur, sah umwerfend aus und hatte eine magische Energie für mich.

Wenn ein geliebter Mensch stirbt, sei dir sicher, dass ihr euch eines Tages wiedersehen werdet. Freue dich, dass die Person den Lebenskampf gemeistert hat und dass es ihm jetzt gut geht, da wo er sich nun aufhält.

Alle guten Dinge sind drei, deswegen erinnere ich dich nochmals daran, dass eine Herzverbindung niemals sterben wird. Über alle Grenzen hinaus, bleibt diese Verbindung bestehen.

Wir sollten uns alle hier auf der Erde nicht über sinnlose Dinge aufregen und uns auf das wesentliche konzentrieren, auf unsere Weiterentwicklung! Das sterben wird für uns eine der größten Prüfungen werden, die Prüfung des Loslassens. Dann wird alles andere was war - sehr klein erscheinen!

Ich würde mir sehr wünschen, dass die Menschen sich diesen Themen immer mehr zuwenden würden. Wir befinden uns mitten im Wandel und steuern geradewegs in eine neue Energie hinein. Sei bereit und öffne deinen Geist und dein Herz für alles NEUE was zu uns kommen wird. Erkenne demütig an, dass alles miteinander verbunden ist. Sprenge deine festgefahrenen Muster, wirf deine veralteten Glaubensmuster über Bord.

WIR SIND ALLE EINS!

Jetzt ist es wichtig, dass wir uns neu ausrichten und uns entspannt dem Wandel zuwenden. Noch nie war es so wichtig unser Mitgefühl auszudrücken und mit unserer Liebe den Menschen zu begegnen. Jeder einzelne hat die Aufgabe, Liebe in die Welt zu tragen.

Erinnere dich, warum du hier bist.

Erinnere dich wer du wirklich bist.

Erinnere dich, woher du kommst!

DU bist die Liebe!

Du bist Herzlich willkommen:

Website: www.alamut.nrw

Instagram: almutyueksel

Facebook: Almut Yüksel

WhatsApp: 0176/73214669

Seelenschmerzen sieht man nicht!

Seit Dezember 2022 im Handel erhältlich. Für alle, die traumatisch belastet sind und aus dieser Spirale aussteigen wollen.

ALMUT YÜKSEL

SEELENSCHMERZEN

SIEHT MAN NICHT

Über mich:

Mein Name ist Almut Yüksel und ich bin 1974 in Duisburg geboren.

Seit 2013 bin ich hauptberuflich und selbstständig tätig als mediale Bewusstseinstrainerin und Coach für Trauma Bewältigung.

Mein Motto: Frei und unabhängig, die bestmöglichste Version deiner selbst leben!

- Mediale Sitzungen
- Jenseitskontakte
- Hausreinigungen
- Clearings
- Trauerarbeit
- Mediales Aufstellen
- Energetische Arbeiten
- Life Coaching
- Trauma Bewältigung
- u.v.m.

Wichtiger Hinweis:

Meine Öffentlichen Empfehlungen wurden meinerseits sorgfältig geprüft, dennoch kann keine Garantie und Haftung übernommen werden.

© 2023, Almut Yüksel

Herstellung und Verlag:
BoD – Books on Demand, Norderstedt
ISBN: 9783743110021